Vente du Lundi 13 Mai 1872

SALLE N° 5

MAJOLIQUES

ITALIENNES

MEUBLES EN ÉBÈNE ET IVOIRE

TAPISSERIES

LE TOUT ARRIVANT D'ITALIE

EXPOSITION PUBLIQUE

LE DIMANCHE 12 MAI 1872

Mᵉ CHARLES OUDART, COMMISSAIRE-PRISEUR

M. ÉMILE BARRE, EXPERT

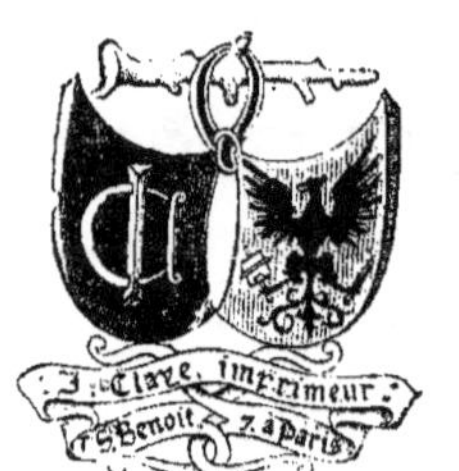

J. Claye, imprimeur, rue Saint-Benoît, 7, à Paris.

CONDITIONS DE LA VENTE

Èlle sera faite au comptant.

Les acquéreurs payeront, en sus de leur prix d'adjudication,
cinq centimes par franc, applicables aux frais.

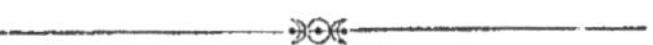

Le Catalogue n'est fait qu'à titre de ren-
seignement; les énonciations qu'il renferme ne
peuvent jamais être considérées comme des
garanties.

L'Exposition mettant les adjudicataires à
même de se rendre compte de la nature et de
l'état des objets, il ne sera admis aucune récla-
mation une fois l'adjudication prononcée.

CATALOGUE

D'UNE INTÉRESSANTE COLLECTION

DE

MAJOLIQUES

ITALIENNES

Des anciennes fabriques d'Urbino, Faenza, Gubbio, Deruta, Castelli,
Milan, Venise, Gênes, etc.

PLATS, COUPES, ASSIETTES, VASES, PLAQUES
BOUTEILLES, ETC., PLATS DE CUIVRE REPOUSSÉ, BEAU PLAT
EN ÉTAIN DE BRIOT

TAPISSERIES ANCIENNES

MEUBLES EN ÉBÈNE INCRUSTÉ D'IVOIRE

GRAND BUREAU VITRINE, MEUBLE A ÉTAGÈRE
MEUBLE D'ENTRE-DEUX, CABINETS
FAUTEUILS DE CHÊNE, MEUBLE HENRI II A DEUX CORPS
MEUBLE DE LA RENAISSANCE
GUIPURES DE VENISE, TABLEAUX DÉCORATIFS
BORDURES EN BOIS SCULPTÉ

LE TOUT ARRIVANT D'ITALIE

DONT LA VENTE AURA LIEU

HOTEL DROUOT, SALLE N° 5

Le Lundi 13 Mai 1872

PAR LE MINISTÈRE DE Me CHARLES OUDART, COMMISSAIRE-PRISEUR
31, rue Le Peletier

ASSISTÉ DE M. EMILE BARRE, EXPERT
20, Chaussée-d'Antin

EXPOSITION PUBLIQUE

LE DIMANCHE 12 MAI 1872

DÉSIGNATION

TAPISSERIES ET MEUBLES

1. — Suite de quatre belles tapisseries, époque Louis XIV, sujets mythologiques.

2. — Meuble Henri II, à deux corps, en chêne sculpté, avec médaillons représentant des personnages.

3. — Meuble de la Renaissance, en noyer sculpté, formant cabinet.

4. — Cabinet italien du XVIe siècle, en ébène incrusté d'ivoire gravé, orné de filets de cuivre.

5. — Deux bordures en ébène, époque Louis XIII.

6. — Plusieurs belles bordures italiennes, en bois sculpté.

7. — Grand et beau meuble à deux corps en ébène incrusté d'ivoire gravé; le corps du haut formant vitrine et celui du bas, bureau.

8. — Bureau italien en ébène et ivoire gravé.

9. — Petit meuble en ébène et ivoire, formant vitrine
et étagère.

10. — Meuble d'entre-deux en ébène et ivoire.

11. — Cabinet posé sur une table, même travail.

12. — Deux cabinets, même travail.

13. — Quatre fauteuils, même travail.

14. — Deux chaises, même travail.

15. — Pendule à colonnes en marqueterie d'étain et
de cuivre, ornée de bronze.

MAJOLIQUES ITALIENNES

ANCIENNES

16. — Très-belle coupe en faïence d'*Urbino*, du
xvie siècle, avec sujet représentant l'*Entrée
des Israélites en Judée*.

17. — Autre coupe d'*Urbino*, avec sujet représentant
un Jugement de César.

18. — Très-grand et beau plat d'*Urbino*, du xvie siècle,
avec marli, décoré de figures mythologiques,
au centre un *sujet allégorique* de la guerre.

19. — Très-beau plat d'*Urbino*, de la Renaissance, représentant le portrait de Raphaël.

20. — Deux potiches, forme boule, décor de fruits et de feuillage, en faïence d'*Urbino*, avec monture en bois noir.

21 — Coupe sur piédouche, en faïence d'*Urbino*, ornée d'arabesques, avec figure dans l'ombilic.

22. — Bouteille d'*Urbino*, représentant le *Char de Phaéton*.

23. — Deux petits cornets en faïence d'*Urbino*, décor d'arabesques.

24. — Grand plat d'*Urbino*, représentant l'*Épisode de Brennus*.

25. — Deux très-beaux cornets d'*Urbino*, décor bleu *avec armoiries* en couleur.

26. — Joli petit plat d'*Urbino*, représentant un personnage du XVI° siècle.

27. — Grand vase à anses, en faïence d'*Urbino*, décor de fleurs et fruits *portant le monogramme R. B.*

28. — Bénitier en ancienne faïence d'*Urbino*.

29. — Deux vases de forme ovoïde en ancienne faïence de *Faenza,* décor de rinceaux et de feuillages, avec inscription. Dans un cartouche la date de *1566.*

30. — Plat en faïence de *Faenza*, décor de paysages.

31. — Grand plat de *Faenza*, décor de rayons et losanges en couleur.

32. — Coupe en faïence de *Caffaggiolo* datée au revers *1565*; au centre un portrait de dame, avec la devise « *Julia Bella* ».

33. — Belle coupe à gaudrons en faïence de *Gubbio*, à reflets métalliques bleus et rubis; au centre une figure.

34. — Autre coupe à gaudrons, en faïence de *Gubbio*, à reflets métalliques; au centre un cœur percé d'une flèche, au-dessus d'un foyer ardent.

Pièce d'une conservation rare.

35. — Deux petits vases à reflets métalliques de la fabrique de *Monte Lupo*.

36. — Vase à anses, époque Louis XVI, décor bleu et blanc: sous le socle l'inscription *V. B. Pesaro*.

37. — Plat de la fabrique de *Pesaro*, avec sujet et personnages combattant un Dragon.

38. — Grand plat de *Castel-Durante*, au centre une dame en costume de l'époque.

39. — Plat à reflets métalliques à losanges, fabrique de *Deruta*.

40. — Petite coupe à rayons ; au centre un Amour :
le marli décoré d'arabesques , faïence de
Deruta.

41. — Plat à reflets métalliques, de la fabrique de
Deruta, décor de losanges ; dans un cadre en
bois sculpté.

42. — Plat à reflets métalliques, fabrique de *Deruta*.
au centre *un Chasseur*.

43. — Plat à reflets métalliques, fabrique de *Deruta*.
au centre *un Cavalier*.

44. — Petite lampe en faïence de *Venise*.

45. — Encrier en faïence de *Venise,* décor de fleurs.

46. — Petit plateau en faïence de *Venise*, décor
camaïeu vert rehaussé d'or.

47. — Assiette avec bordure à jour, en faïence de
Venise.

48. — Écuelle et son plateau, en faïence de *Venise*.
décor de feuillages.

49. — Deux assiettes en faïence de *Venise*. décor de
personnages.

50. — Deux vases, de forme ovoïde, en ancienne
faïence de *Venise*, imitation de verre, avec
monture en bois noir.

51. — Plat en faïence de *Milan*, fond bleu rehaussé de blanc, *avec armoirie* au centre.

52. — Beau plat de *Castelli*, avec décor de rinceaux et de feuillages et blason sur le marli ; au centre *un sujet de chasse*.

53. — Deux plaques en faïence de *Castelli*, représentant des paysages.

54. — Plaque de *Castelli*, représentant un palais, avec cadre également en faïence.

55. — Petite plaque de *Castelli*, sujet de marine.

56. — Plat à gaudrons, décor de paysage, en faïence de *Trévise*.

57. — Deux beaux vases, décor en camaïeu d'arabesques et de paysages, en faïence de *Gênes*.

58. — Grand et beau plat en ancienne faïence de *Perse*, décor de feuillages bleu et blanc.

59. — Plat *hispano mauresque*, à reflets métalliques.

60. — Très-joli petit vase, *hispano mauresque*, monté en bois noir.

61. — Vase rond à couvercle, décor de fleurs et fruits.

62. — Cadre en faïence, composé de plusieurs plaques, représentant une ville dans un entourage d'ornements.

OBJETS DIVERS

63. — Guipures de Venise.

64. — Beau plat en étain, *de Briot*, portant au revers l'effigie du maître.

65. — Quatre beaux plats gothiques en cuivre repoussé.

66. — Vasque en cuivre repoussé.

67. — Objets divers en cuivre repoussé.

68. — *Les Petits Musiciens*, groupe de cinq personnages, *en porcelaine de Saxe*.

69. — Autre groupe, *en porcelaine de Saxe*, représentant un seigneur et une dame sous un bosquet.

TABLEAUX

70. — La Jeune Fille au miroir.

71. — Petite Fille jouant avec un chien.

72. — Portrait d'enfant en costume Louis XIII.

73. — Jeune Femme au milieu d'une guirlande de
fleurs.

74. — Le pendant du précédent.

75. — Fleurs.

76. — Fleurs.

PARIS. — J. CLAYE, IMPRIMEUR, 7, RUE SAINT-BENOIT. — [948]

9 782329 553351